Impressum
Verlag: BABADADA GmbH, Nedderfeld 112 , 22529 Hamburg
Geschäftsführer / Verlagsleitung: Harald Hof
Druck: Books on Demand GmbH, In de Tarpen 42, 22848 Norderstedt

Imprint
Publisher: BABADADA GmbH, Nedderfeld 112 , 22529 Hamburg, Germany
Managing Director / Publishing direction: Harald Hof
Print: Books on Demand GmbH, In de Tarpen 42, 22848 Norderstedt, Germany

1

duɗal

школа

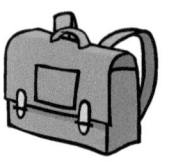

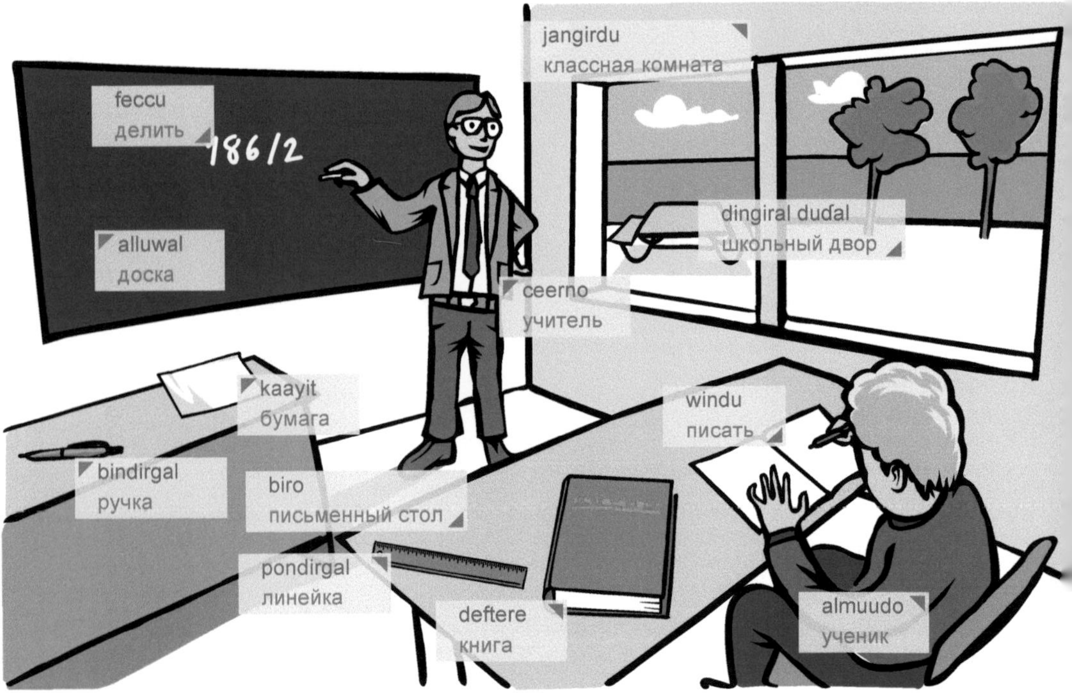

jangirdu
классная комната
feccu
делить
186/2
alluwal
доска
dingiral duɗal
школьный двор
ceerno
учитель
kaayit
бумага
windu
писать
bindirgal
ручка
biro
письменный стол
pondirgal
линейка
deftere
книга
almuudo
ученик

sakosel
ранец

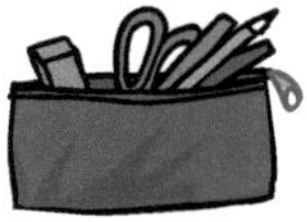

suudu kuɗol
пенал

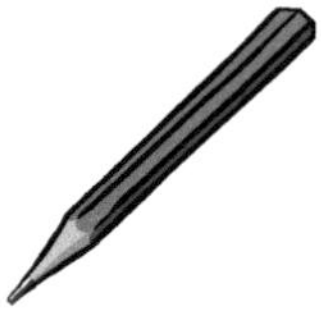

kuɗol
карандаш

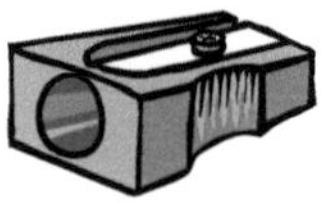

ceeɓnoowo kuɗol
точилка

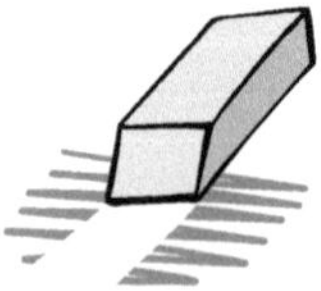

momtirgal
ластик

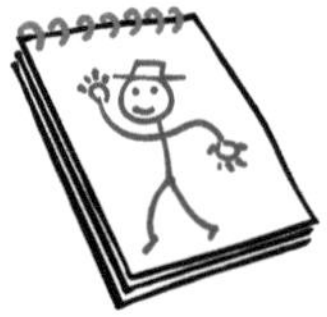

nokku diidirɗo
альбом для рисования

diidgol

рисунок

diidirgal

кисточка

suudu diidordu

коробка красок

sisooje

ножницы

kol

клей

deftere softinorde

тетрадь

coftinogol

домашняя работа

12

tongoode

цифра

2+2

ƃeydu

прибавлять

5-2

ustu

вычитать

2×2

hebbin

умножать

lim

считать

A

bataake

буква

ABCDEFG
HIJKLMN
OPQRSTU
VWXYZ

hijju

алфавит

hello

kongol

слово

windande

текст

jangu

читать

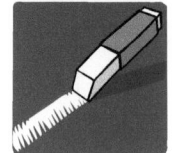

bindirgal

мел

darsu

урок

windaade

классный журнал

ÿeewtogol

экзамен

ijaazi

диплом

wutte jaŋirɗo

школьная форма

jaŋde

образование

ɗowitorde mawnde

энциклопедия

jaaɓi haatirde

университет

mokoroskop

микроскоп

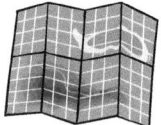

wertaango

карта

siwo mbalis

корзина для бумаг

ɗannaade

путешествие

otel
гостиница
Grand
hoɗirdu
турбаза
ROOMS
nokku beccirɗo
пункт обмена валюты
CHANGE
woliis
чемодан
oto
автомобиль

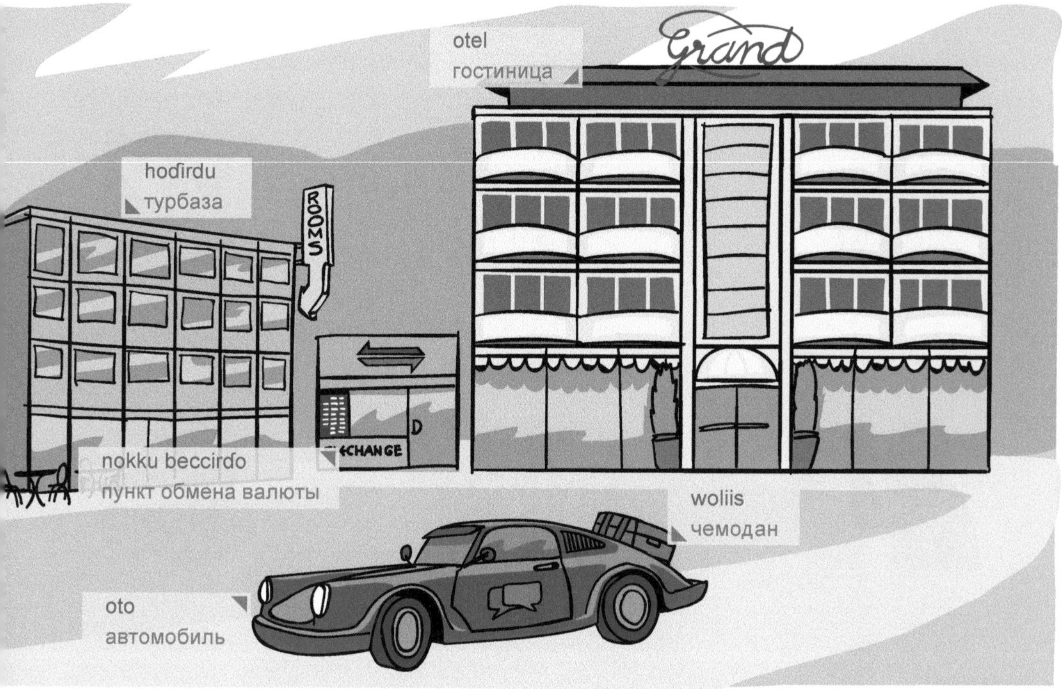

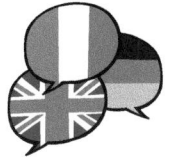

ɗemngal

язык

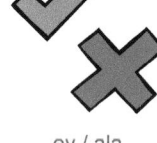

ey / ala

да / нет

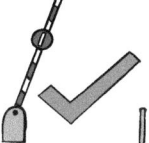

Eyyo

хорошо

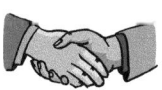

mbaɗɗa

Привет

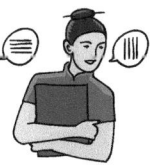

pirtoowo

переводчик

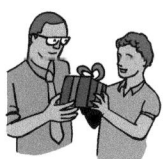

jaraama

Спасибо

hono foti...?

Сколько стоит...?

mi faamaani

Я не понимаю

satteende

проблема

jam hiiri

Добрый вечер!

jam waali

Доброе утро!

jam waal

Доброй ночи!

baay baay

До свидания

ngardiindi

направление

kaake

багаж

saak

сумка

saak bakke

рюкзак

koɗo

гость

suudu

комната

saak ɗaanorɗo

спальный мешок

taanta

палатка

kabaaru jillotooɗo

туристическая информация

palaaz

пляж

kartal keredii

кредитная карточка

kasitaari

завтрак

bottaari

обед

hiraande

ужин

tikkett

билет

suutde

лифт

tembere

почтовая марка

keerol

граница

soodooɓe

таможня

ambasaat

посольство

wiisa

виза

paaspoor

паспорт

yangarta
транспорт

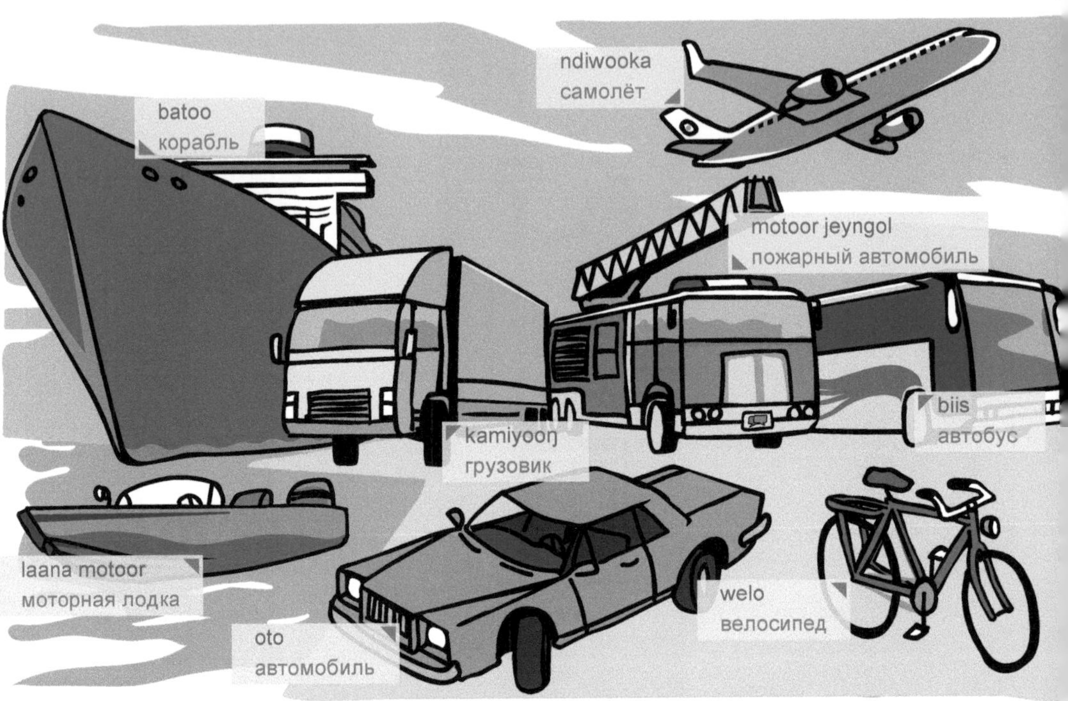

ndiwooka
самолёт
batoo
корабль
motoor jeyngol
пожарный автомобиль
biis
автобус
kamiyooŋ
грузовик
laana motoor
моторная лодка
welo
велосипед
oto
автомобиль

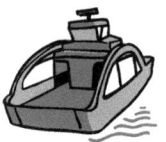

baak
пароm

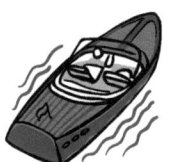

laana
лодка

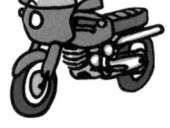

welo motoor
мотоцикл

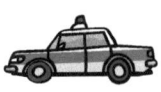

oto poliis
полицейский автомобиль

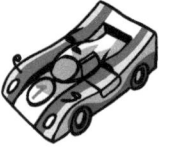

oto dandu
гоночный автомобиль

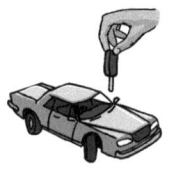

otoluwaaɗo
арендованный автомобиль

rendude oto

совместное пользование
автомобилями

lenge

буксировочный
автомобиль

kamiyooŋ salo

мусоровоз

moto

двигатель

gaas

топливо

esaaseer

заправка

maantorde tali

дорожный знак

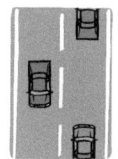

tali

движение

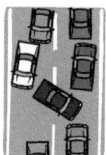

bittugol tali

пробка

darnirde oto

автостоянка

dartorde teree

вокзал

laabi

рельсы

teree

поезд

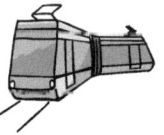

taraam

трамвай

nawgol

вагон

elikooteer

вертолёт

aydapoor

аэропорт

hubeere

вышка

jahoowo

пассажир

kontaneer

контейнер

kees

коробка

saret

тележка

siwo

корзина

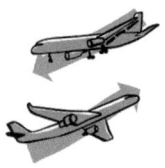

diw / tello

взлетать / приземляться

wuro

город

saare

деревня

hakkunde wuro

центр города

galle

дом

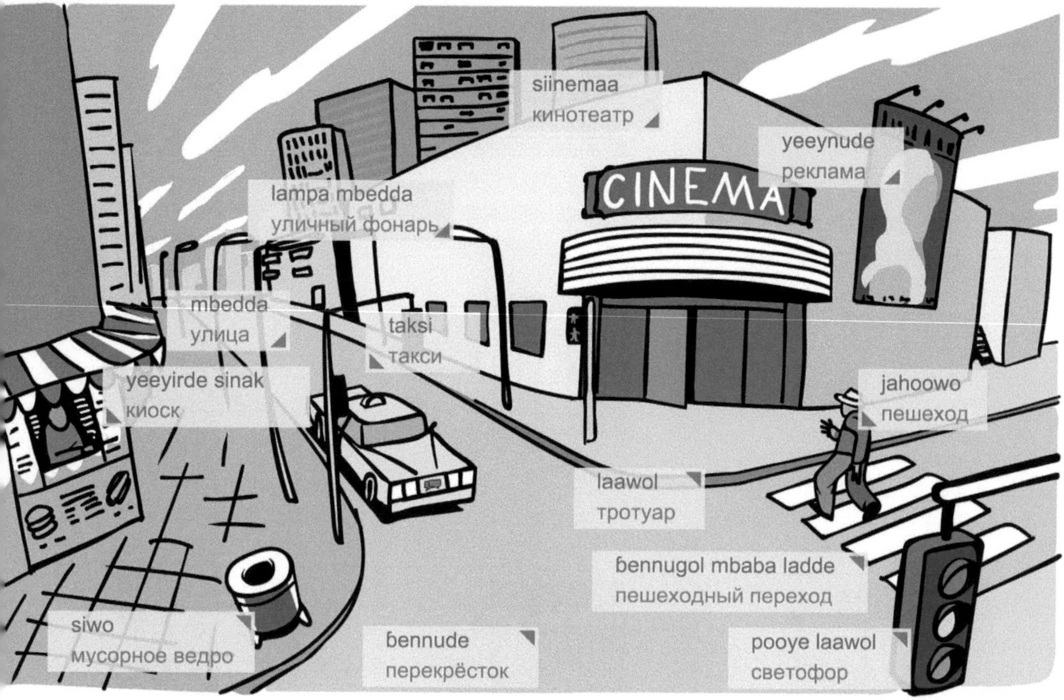

siinemaa
кинотеатр

yeeynude
реклама

lampa mbedda
уличный фонарь

CINEMA

mbedda
улица

taksi
такси

yeeyirde sinak
киоск

jahoowo
пешеход

laawol
тротуар

ɓennugol mbaba ladde
пешеходный переход

siwo
мусорное ведро

ɓennude
перекрёсток

pooye laawol
светофор

tiba

хижина

hoɗorde

квартира

dartorde teree

вокзал

meeri

ратуша

miise

музей

duɗal

школа

jaaɓi haatirde

университет

baŋke

банк

safrirdu

больница

otel

гостиница

farmasii

аптека

gollorde

офис

yeeyirde defte

книжный магазин

yeeyirde

магазин

mo nehoowo leɗɗe

цветочный магазин

duggere

супермаркет

jeere

рынок

yeeyirde diiwaan

универмаг

mo gawoowo

торговец рыбой

nokku njeeygu

торговый центр

telloorde

порт

parka

парк

jooɗorde

скамейка

pooŋ

мост

ŋabbirɗe

лестница

les leydi

метро

laawol les

тоннель

dartorde biis

автобусная остановка

baar

бар

restoraaŋ

ресторан

suudu posto

почтовый ящик

maantorde mbedda

табличка с названием
улицы

meetorde parka

паркометр

nehirde kulle

зоопарк

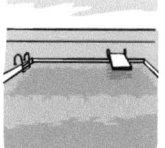

pisiin

бассейн

jumaa

мечеть

ngesa

ферма

bonande

загрязнение окружающей среды

genaale

кладбище

ekiliis

церковь

dingiral

детская площадка

tempele

храм

satto

ландшафт

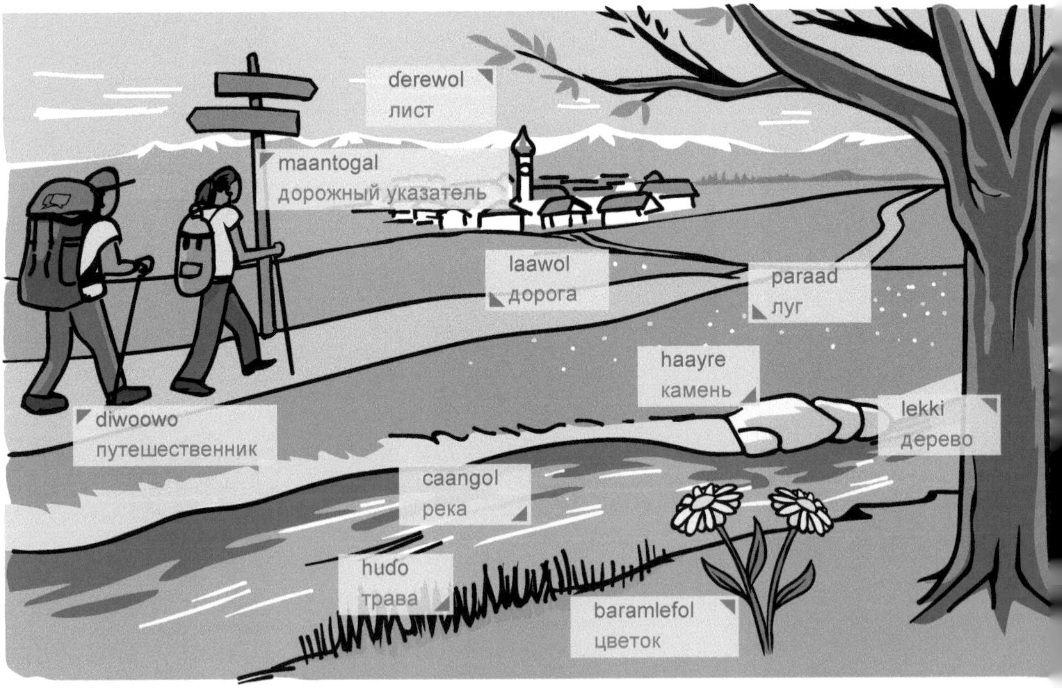

derewol
лист

maantogal
дорожный указатель

laawol
дорога

paraad
луг

haayre
камень

lekki
дерево

diwoowo
путешественник

caangol
река

hudo
трава

baramlefol
цветок

fongo

долина

tiwaande

гора

weendu

озеро

dundu

лес

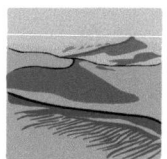

ladde

пустыня

wolkaaŋ

вулкан

hoɗorde

замок

timtimol

радуга

wiiduru gaynaako

гриб

lekki koko

пальма

ɓongu

комар

diw

муха

ñuuñu

муравей

ñaaku

пчела

njabala

паук

karaab

жук

paaɓa

лягушка

jiire

белка

nguru paaɓa

еж

wojere

заяц

hooweere

сова

ndiwri

птица

kankaleewal

лебедь

fowru

кабан

lella

олень

kooba

лось

baaraas

плотина

seɗa hendu

ветряной генератор

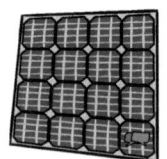

mbeɗu naange

солнечная батарея

kilimaaŋ

климат

restoraaŋ
ресторан

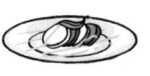

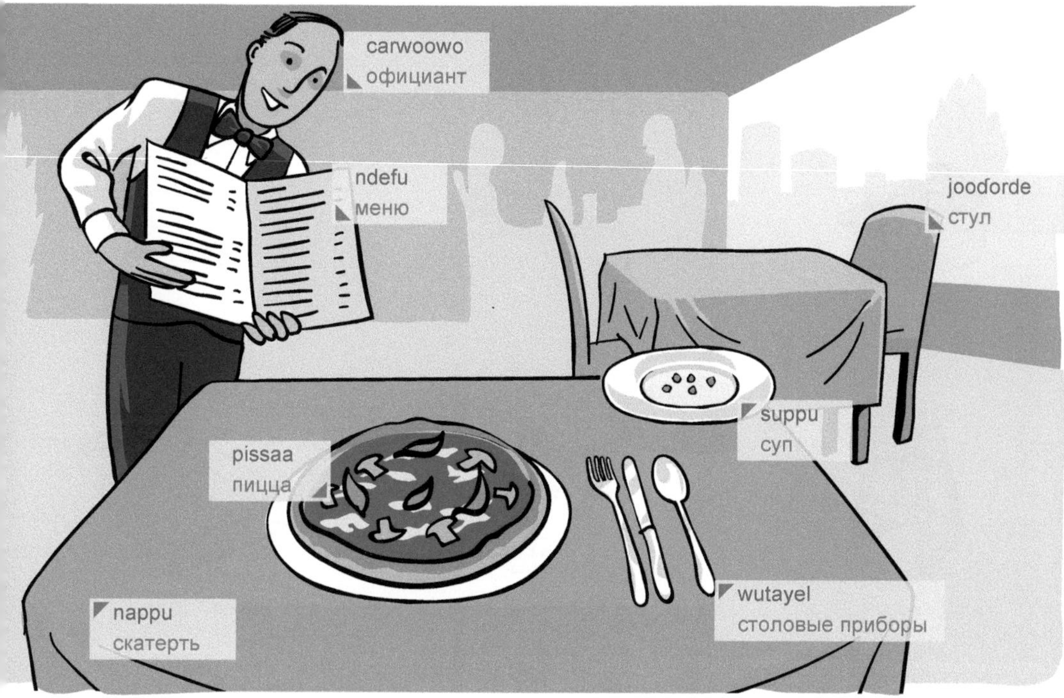
carwoowo
официант
ndefu
меню
jooɗorde
стул
suppu
суп
pissaa
пицца
nappu
скатерть
wutayel
столовые приборы

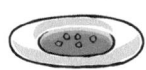

puɗɗorɗo
закуска

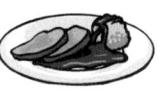

barme mawɗo
главное блюдо

deseer
десерт

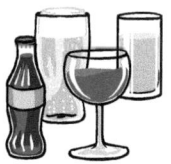

njarameeje
напитки

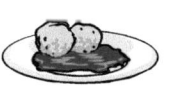

ñamri
еда

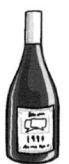

bitel
бутылка

fastfuut

фастфуд

ñaamde mbedda

уличная еда

pot ataaya

чайник

taasa suukara

сахарница

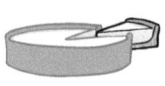

geɗal

порция

masiŋ esperesoo

кофеварка

jooɗorde toownde

детский стульчик

faktiir

счет

terey

поднос

paaka

нож

fursett

вилка

kuddu

ложка

kuddu ataaya

чайная ложка

torsooŋ

салфетка

weer

стакан

palaat

тарелка

palaat suppu

суповая тарелка

coosoowo

блюдце

soos

соус

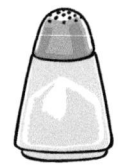

pot lamđam

солонка

poobaar

мельница для перца

wineegar

уксус

diwliin

масло

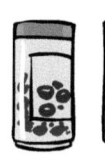

kaaniije

специи

ketsoop

кетчуп

mutaarde

горчица

maynees

майонез

duggere
супермаркет

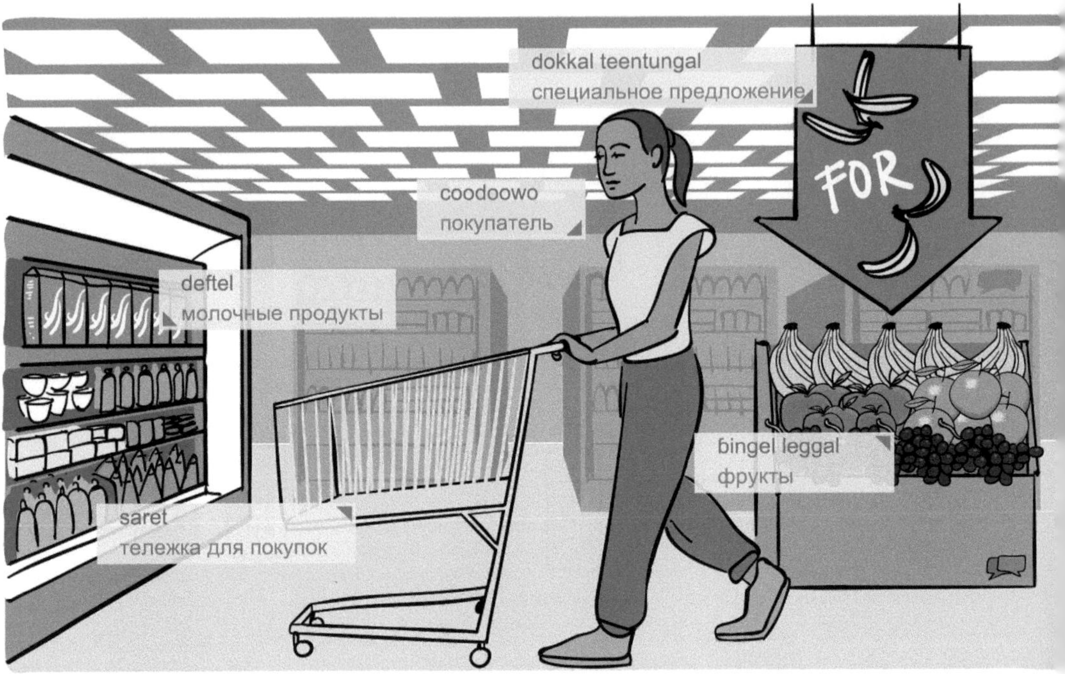

dokkal teentungal
специальное предложение
FOR
coodoowo
покупатель
deftel
молочные продукты
ɓingel leggal
фрукты
saret
тележка для покупок

BUTCHERS

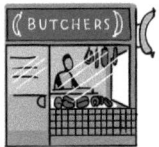

mo jeeyoowo teewu

мясной магазин

BAKERY

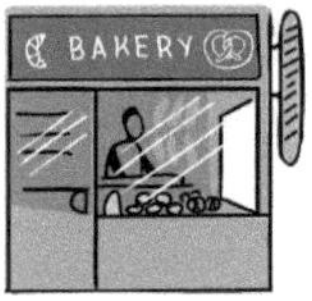

mo piyoowo mburu

пекарня

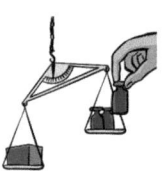

ɓett

взвешивать

ɓibe leɗɗe

овощи

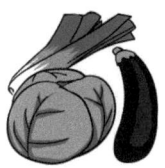

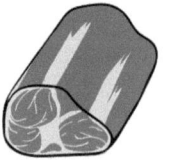

teewu

мясо

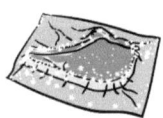

ñamri fendiindi

быстрозамороженные продукты

teewu buubngu

нарезка

ñamri

консервы

omo

стиральный порошок

tangaleeji

сладости

geɗe galle

предмет домашнего обихода

geɗe labbinooje

моющее средство

jeeyoowo

продавщица

hippoode

касса

ngaluyanke

кассир

limo soodetee

список покупок

waktuuji gudditeeɗi

время работы

kalbe

бумажник

kartal keredii

кредитная карточка

saak

сумка

saak dalli

полиэтиленовый пакет

njarameeje
напитки

ndiyam

вода

sii

сок

kosam

молоко

Koowk

кока-кола

sangara

вино

sangara

пиво

alkol

алкоголь

koka

какао

ataaya

чай

kafe

кофе

esperesoo

эспрессо

kaputsiino

капучино

banaana

банан

pomere

яблоко

oraaŋs

апельсин

dende

арбуз

limoŋ

лимон

karott

морковь

laac

чеснок

bambuu

бамбук

soblere

лук

wiiduru gaynako

гриб

gerte

орехи

kodde

лапша

espaketii

спагетти

maaro

рис

solaat

салат

sipse

картофель фри

padaas pasnaaɗo

жареный картофель

pissaa

пицца

amburgoor

гамбургер

sandiis

сэндвич

tayre

шницель

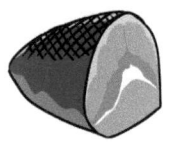

heltinde

ветчина

salaami

салями

soosiis

колбаса

gertogal

курица

juɗe

жаркое

liingu

рыба

karaw

овсяные хлопья

miyesli

мюсли

butaali makka

кукурузные хлопья

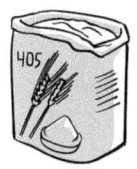

cafka

мука

koraasaŋ

круассан

loocol mburu

булочка

mburu

хлеб

mburu

тост

mbiskit

печенье

boor

масло

caakri

творог

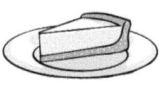

ngato

пирог

boofoode

яйцо

bofoode defaaɗo

яичница

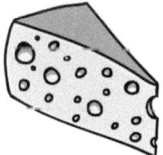

formaas

сыр

kerem galaas

мороженое

suukara

сахар

njuumri

мёд

piire

мармелад

soosde sokola

крем с нугой

kiri

карри

ngesa
ферма

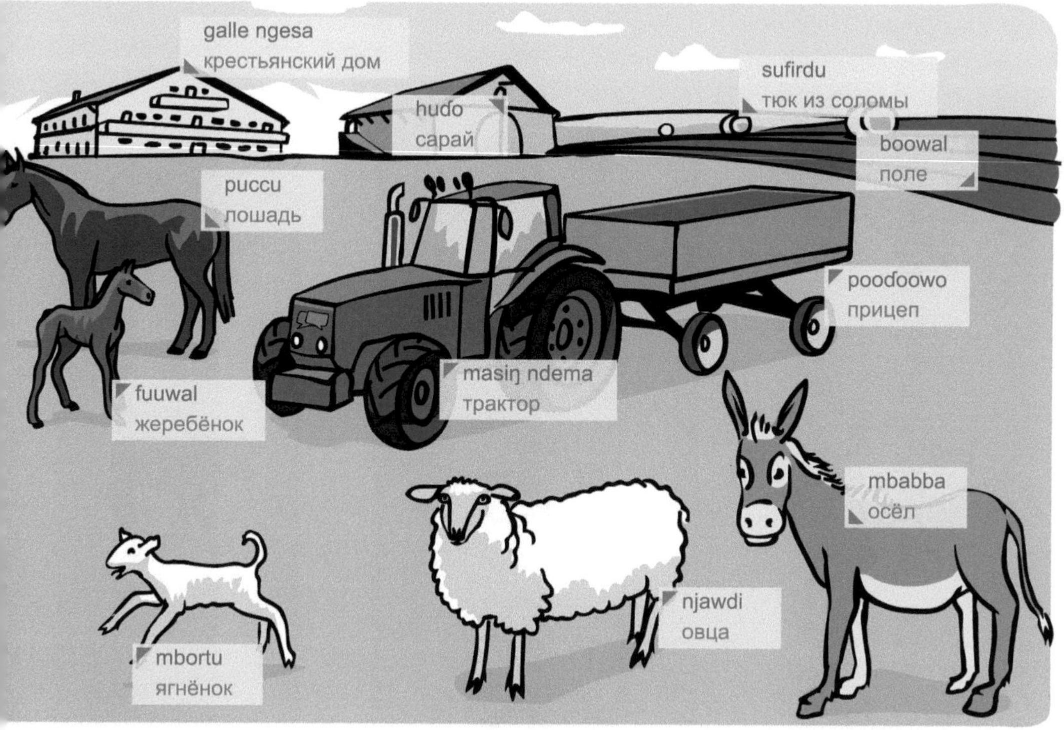

galle ngesa
крестьянский дом
hudo
сарай
sufirdu
тюк из соломы
boowal
поле
puccu
лошадь
pooɗoowo
прицеп
masiŋ ndema
трактор
fuuwal
жеребёнок
mbabba
осёл
njawdi
овца
mbortu
ягнёнок

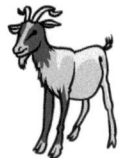

ndamndi

коза

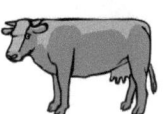

ngaari

корова

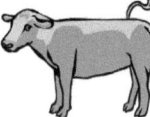

ñale

телёнок

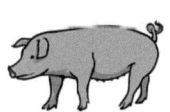

mbaba tugal

свинья

ɓingel tugal

поросёнок

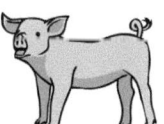

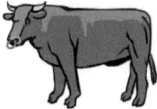

ngaari

бык

jaawalal

гусь

jaawangal

утка

gertogal

цыплёнок

jarlal

курица

ngori

петух

doombru

крыса

ulluundu

кошка

dombru

мышь

ngaari

вол

rawaandu

собака

suudu rawaandu

конура

lekki werte

садовый шланг

bitel ndiyam

лейка

jalo

коса

jabbude

плуг

wafdu

серп

caga

мотыга

furset yettirɗo

навозные вилы

jambere

топор

burwett

тачка

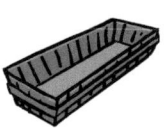

jardugal

корыто

bitel kosam

бидон для молока

bonnude

мешок

heerorde

забор

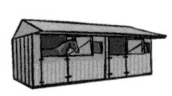

dari

хлев

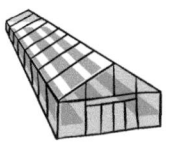

resofmaaŋ

теплица

leydi

почва

aawdi

посев

engere

удобрение

rendin coñoowo

комбайн

ngesa - ферма

soñ

собирать урожай

coñal

урожай

ñambi

ямс

ndiyamiri

пшеница

soozaa

соя

padaas

картофель

makka

кукуруза

aawdi adan

рапс

lekki ɓesnooki

фруктовое дерево

kasaawa

маниок

gawri

злаки

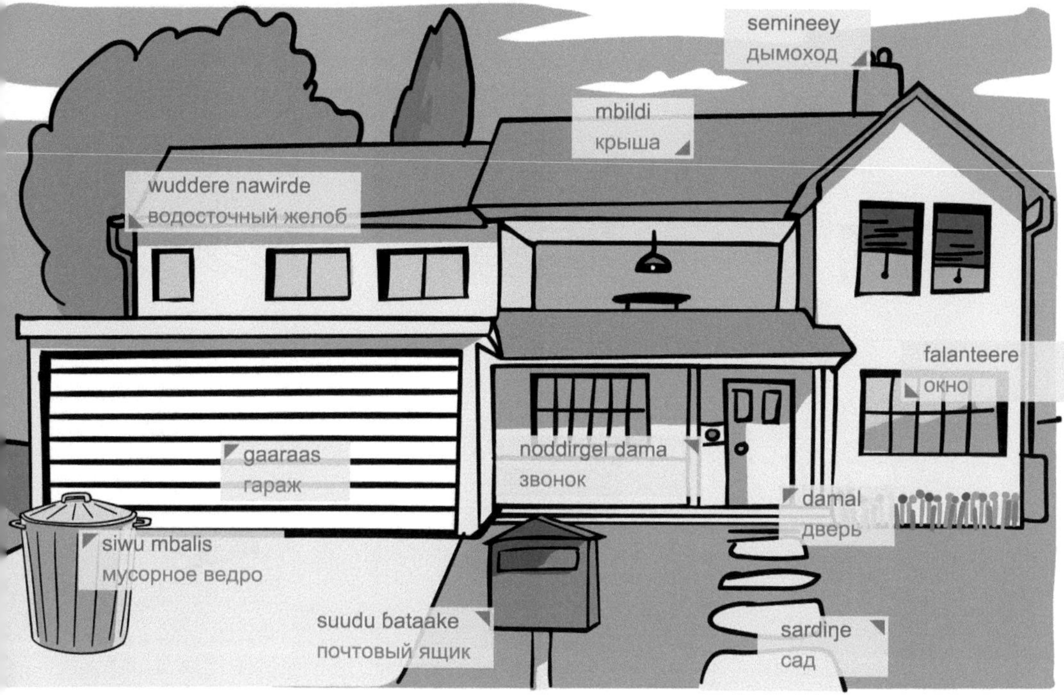

semineey
дымоход

mbildi
крыша

wuddere nawirde
водосточный желоб

falanteere
окно

gaaraas
гараж

noddirgel dama
звонок

damal
дверь

siwu mbalis
мусорное ведро

suudu bataake
почтовый ящик

sardiɲe
сад

saal
гостиная

lootorde
ванная комната

waañ
кухня

suudu lelteendu
спальня

suudu suka
детская комната

suudu hirtordu
столовая

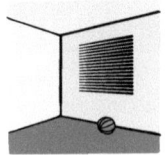

leydi

пол

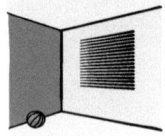

miir

стена

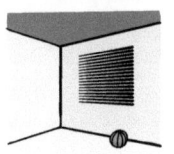

dira

потолок

masiŋel

подвал

soona

сауна

balkooŋ

балкон

teeraas

терраса

pisin

бассейн

tondoos

газонокосилка

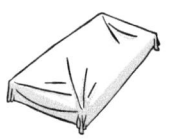

kaayit

пододеяльник

mbertanteeri

покрывало

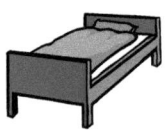

lelnde

кровать

pittirɗe

метла

siwoo

ведро

waylu

выключатель

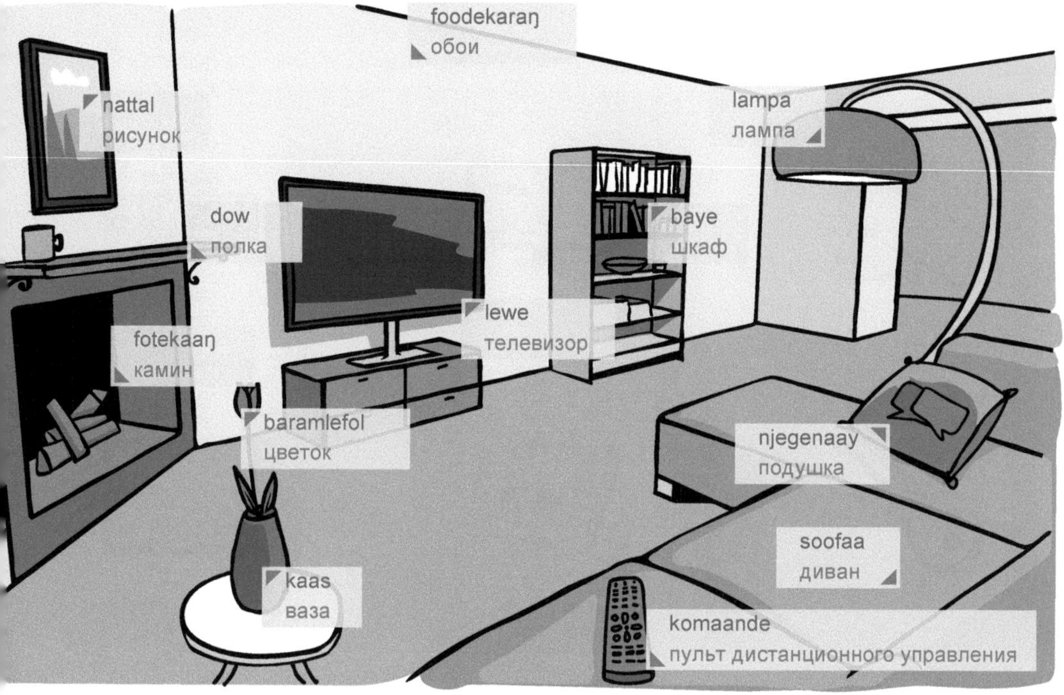

foodekaraŋ
обои

nattal
рисунок

lampa
лампа

dow
полка

baye
шкаф

lewe
телевизор

fotekaaŋ
камин

baramlefol
цветок

njegenaay
подушка

soofaa
диван

kaas
ваза

komaande
пульт дистанционного управления

tappi
ковёр

rido
штора

taabal
стол

jooɗorde
стул

jooɗorde timmunde
кресло-качалка

tuggorde
кресло

deftere

книга

suddaare

покрывало

cinki

украшение

docotal

дрова

filmo

фильм

kuutorɗe hi-fi

стереосистема

caabi

ключ

jaaynde

газета

pentiirde

картина

posteer

плакат

haalirde

радио

deftel mooftirgel

блокнот

ŋabbude

пылесос

siwo lekki

кактус

sondel

свеча

waañ

кухня

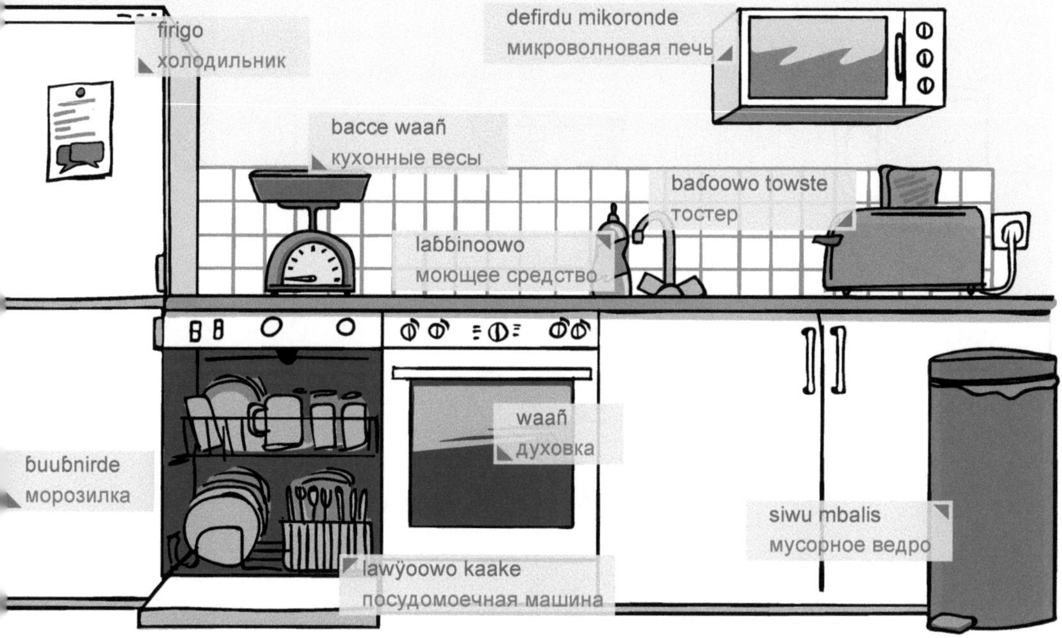

firigo
холодильник
defirdu mikoronde
микроволновая печь
bacce waañ
кухонные весы
baɗoowo towste
тостер
labbinoowo
моющее средство
waañ
духовка
buubnirde
морозилка
siwu mbalis
мусорное ведро
lawÿoowo kaake
посудомоечная машина

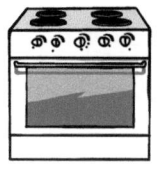

defoowo

плита

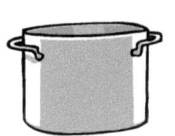

pot

кастрюля

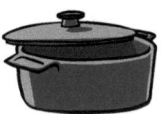

pot baɗɗo njamdi

чугунный котелок

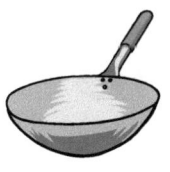

lehel

вок / кадай

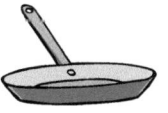

lahal

сковорода

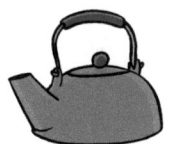

baraade

чайник

gulnoowo

пароварка

fuur cumirɗo

противень

wiisirde

посуда

kaas

кружка

taasa

миска

bakett

палочки для еды

heɗirde

половник

kuundal

лопатка

burgal

сбивалка

gulnirɗo

сито

pool

сито

koosoowo

тёрка

wowru

ступка

njuɗu

гриль

lewlewndu

костёр

alluwal tayirgal

доска

dullirgal

скалка

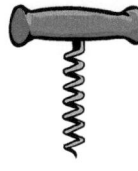

tenaay

штопор

potyel

жестяная банка

udditirɗo potyel

консервный нож

jaggoowo pot

прихватка

lawÿirde

раковина

borisde

щетка

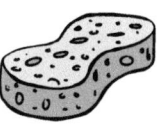

epoos

губка

jiiɓoowo

миксер

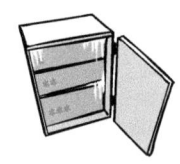

firigo juutɗo

морозильная камера

bitel tiggu

бутылочка для кормления

robine

кран

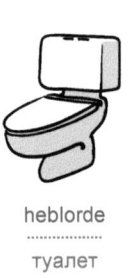

lootorde

ванная комната

ɓuftogol
душ
wulnude
отопление
sarbet
полотенце
rido ɓuftorde
душевая занавеска
sumbu lootorɗo
пенистая ванна
nokku lootorɗo
ванна
weer
стакан
masiŋ guppirɗo
стиральная машина
robine
кран
biifi
плитка
woppirde
горшок
lawÿirde
раковина

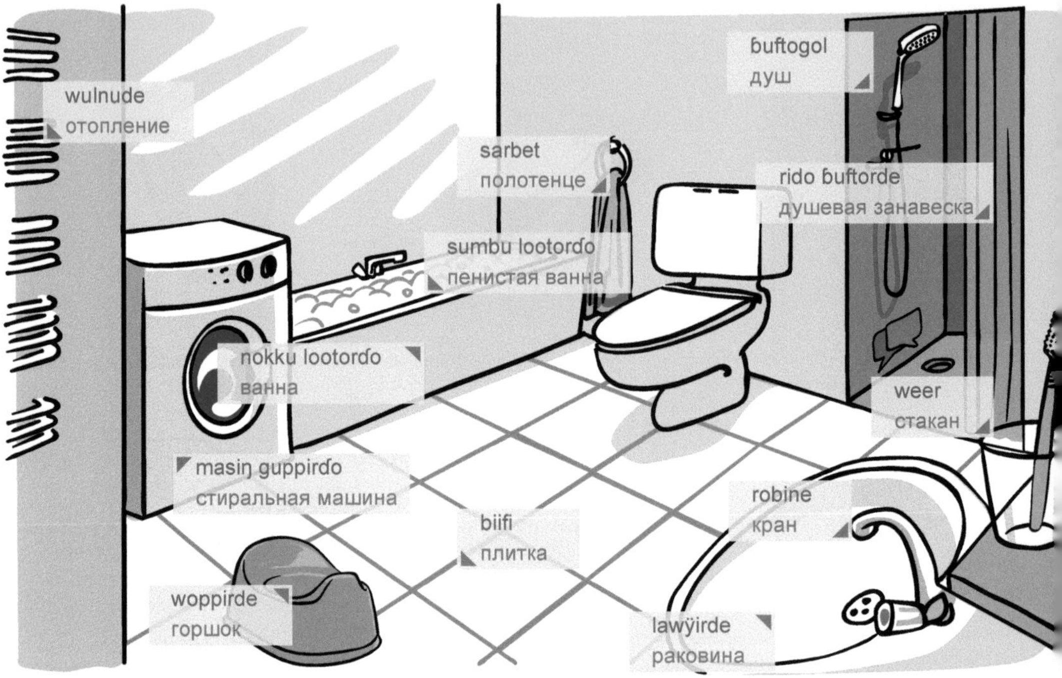

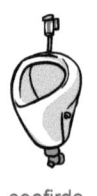

heblorde

туалет

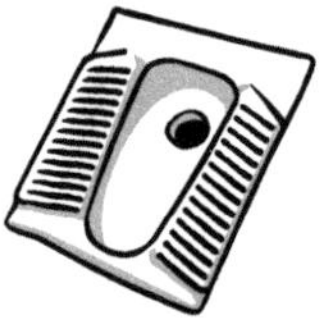

yaltirde les

напольный унитаз

yaltirde

биде

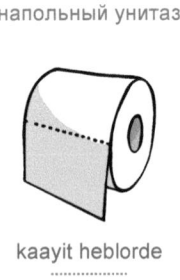

soofirde

писсуар

kaayit heblorde

туалетная бумага

boros heblorde

ершик

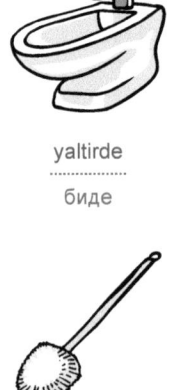

boros ñiiÿe

зубная щетка

pat cocorɗo

зубная паста

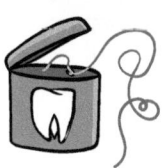

cocorgal

зубная нить

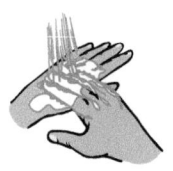

lawyu

мыть

ɓuftorde jungo

ручной душ

jampe

интимный душ

taasa

таз

boros keeci

щетка для спины

saabunde

мыло

nebam ɓuftorde

гель для душа

sampoye

шампунь

lootogel

мочалка

yupude

сток

mileen

крем

lati

дезодорант

daarogal

зеркало

daarogal jungo

ручное зеркало

rasuwaar

бритва

sumbu pemborɗo

пена для бритья

lallitirde

лосьон после бритья

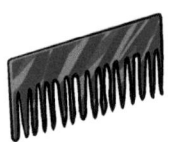

koomu

расческа

boros

щетка

yoorno hoore

фен

uurna hoore

лак для волос

makiyaas

косметика

lippo

губная помада

emaaye segene

лак для ногтей

wiro

вата

sisooje segene

маникюрные ножницы

parfooŋ

духи

saawdu lawyirdu

косметичка

kuudi

табуретка

bacce ɓetirde

весы

wutte lootorɗo

халат

kawaseeje dalli

резиновые перчатки

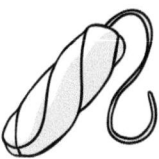

tampooŋ

тампон

sarbet laɓɓinoorɗo

гиеническая прокладка

lootogol cellungol

биотуалет

suudu suka

детская комната

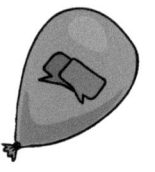

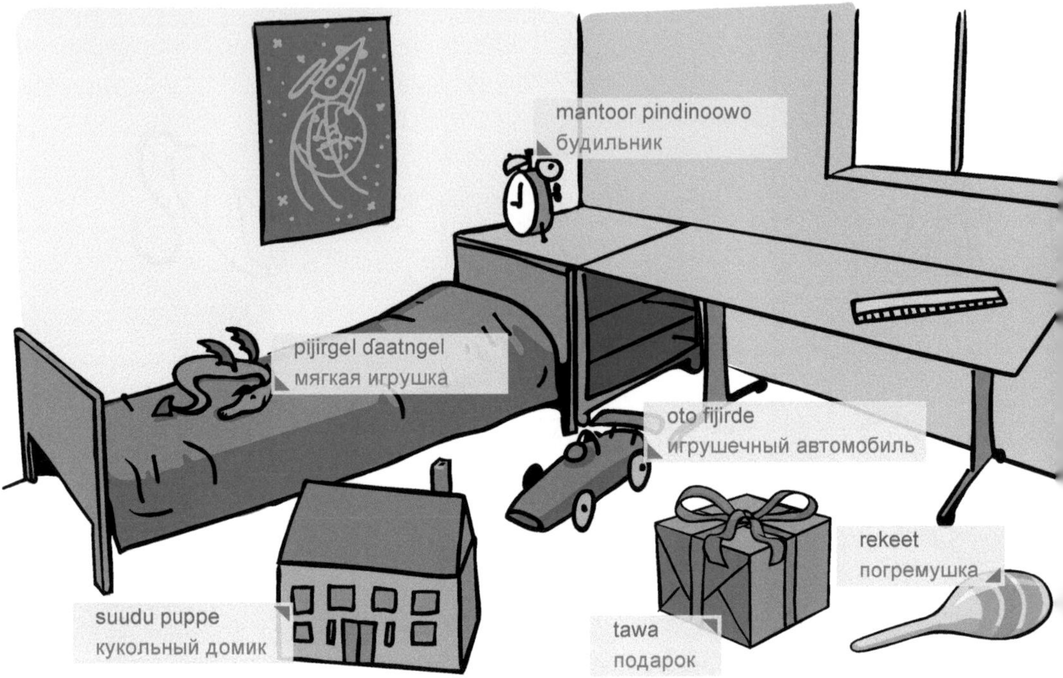

mantoor pindinoowo
будильник
pijirgel ɗaatngel
мягкая игрушка
oto fijirde
игрушечный автомобиль
rekeet
погремушка
suudu puppe
кукольный домик
tawa
подарок

balooŋ

воздушный шар

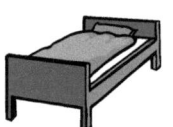

lelnde

кровать

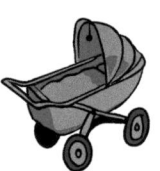

puus puus

детская коляска

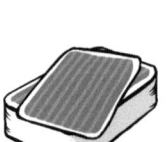

taabal karte

карточная игра

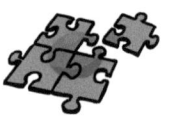

juwirgal

пазл

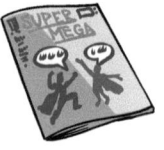

jalnii

комикс

tuufeeje lego

кирпичики Лего

kaaÿe maadi

кубики

pijirgel suka

игрушечная фигурка

wutte suka

ползунки

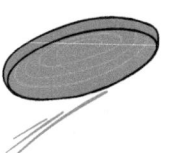

mbiifu

фрисби

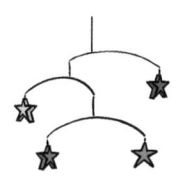

noddirgel

мобиле

fijirde alluwal

настольная игра

dee

кубик

tereŋ jahiroowo batiri

модель железной дороги

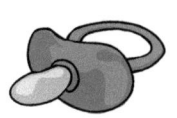

ɗaayɗo

соска

hiirde

вечеринка

deftere natte

книга с картинками

bal

мяч

puppe

кукла

fij

играть

ngaska leydi

песочница

yirlude

качели

pijirɗe

игрушка

fijirde widoo peley

игровая приставка

biifi tati

трёхколесный велосипед

uluundu pijirgel

плюшевый медвежонок

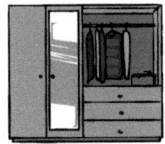

woliis

шкаф для одежды

boornogol

одежда

kawaseeje

носки

baardinirɗi

чулки

dogirɗi

колготки

muurnorde
шарф

paraseewal
зонтик

tiset
футболка

dadorde
ремень

bataaje
сапоги

paɗe jooɗorɗe
тапки

dogirɗe
кроссовки

caraax
сандалии

paɗe
ботинки

bataaje dalli
резиновые сапоги

cakkirɗi
трусы

site ŋoos
бюстгальтер

weste
майка

bandu

боди

tuuba

брюки

jiin

джинсы

sippu

юбка

buluus

блузка

wuttel

рубашка

piliweer

свитер

njallaaba

свитер

balaseer suka

спортивная куртка

jakett

жакет

sabandoor

пальто

wutte tobo

плащ

kossim

костюм

robbo

платье

wutte cuddungu

свадебное платье

cakkirɗo

мужской костюм

robbo baalduɗo

ночная сорочка

baaluɗi

пижама

sari

сари

fiilorde

платок

kaala

тюрбан

misoor

паранджа

haftan

кафтан

abaaye

абайя

lumborɗo

купальник

leɗɗe

плавки

kilooti

шорты

dewirɗi

спортивный костюм

aparooŋ

фартук

kawase

перчатки

nebbu

пуговица

lone

очки

jawo

браслет

cakka

цепочка

feggere

кольцо

hootonde

серьга

laafa

шапка

jaggirgal sabandoor

вешалка

kufna

шляпа

karwaat

галстук

korsude

застежка молния

tengaade

шлем

jawe

подтяжки

wutte jaŋirɗo

школьная форма

dadorɗo

форма

nappu suka

детский нагрудник

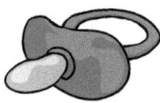

daayɗo

соска

fooftini

подгузник

gollorde
офис

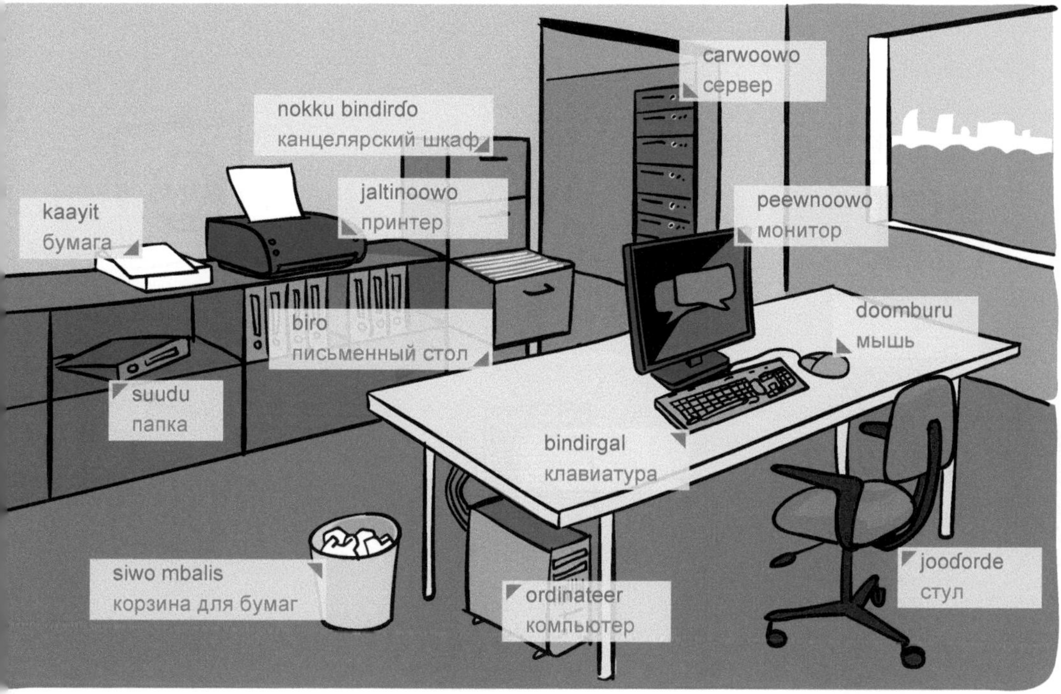

carwoowo
сервер

nokku bindirɗo
канцелярский шкаф

jaltinoowo
принтер

kaayit
бумага

peewnoowo
монитор

doomburu
мышь

biro
письменный стол

suudu
папка

bindirgal
клавиатура

siwo mbalis
корзина для бумаг

ordinateer
компьютер

jooɗorde
стул

koppu kafe

кофейная кружка

tongirde

калькулятор

enternet

интернет

ordinateer

ноутбук

bataake kaayit

письмо

bataake

сообщение

noddirgel

мобильный телефон

jokkondiral

сеть

nandinoowo

ксерокс

kuutorgel

программа

noddirgel

телефон

piriis

розетка

masiŋ faksii

факс

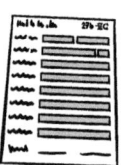

sifaa

формуляр

kaayit

документ

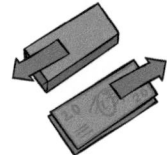

sood

покупать

yob

платить

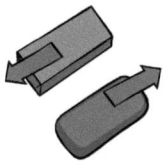

yeey

торговать

kaalis

деньги

dolaar

доллар

oro

евро

yeen

иена

ruubal

рубль

siiwis farayse

франк

yuwaan renminbi

жэньминьби юань

ruppii

рупия

nokku ŋalu

банкомат

nokku beccirɗo

пункт обмена валюты

kaŋe

золото

kaalis

серебро

peteroŋ

нефть

doole

энергия

coggu

цена

jokkondiral

договор

lempo

налог

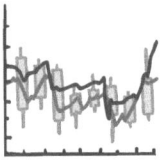

jeyii

акция

liggo

работать

liggotooɗo

служащий

ligginoowo

работодатель

isin

фабрика

yeeyirde

магазин

golle

профессии

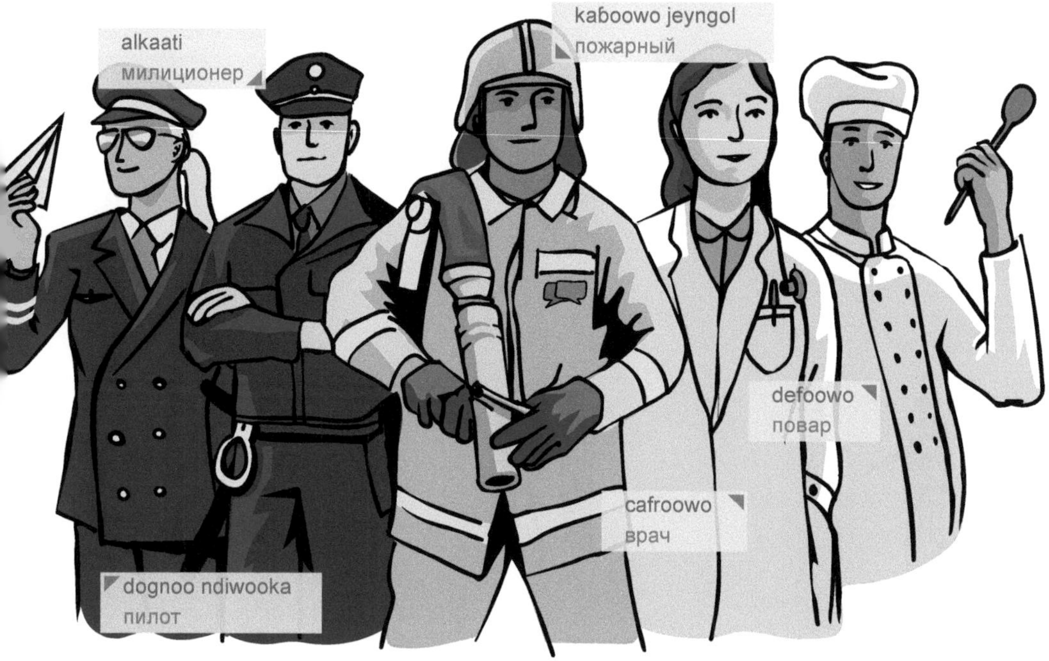

alkaati
милиционер
kaɓoowo jeyngol
пожарный
defoowo
повар
cafroowo
врач
dognoo ndiwooka
пилот

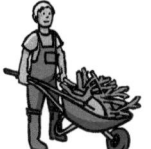

mooftoowo

садовник

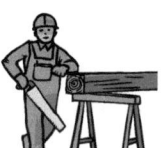

meniise

столяр

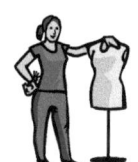

gawoowo debbo

швея

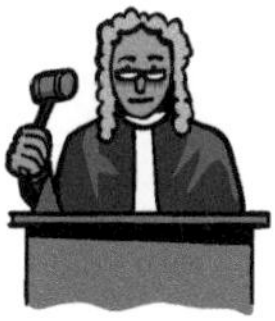

ñaawoowo

судья

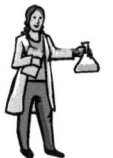

simiyanke

химик

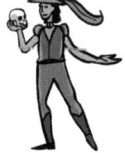

aktoor

актёр

diirnoowo biis

водитель автобуса

diirnoowo taksi

таксист

gawoowo

рыбак

debbo pittoowo

уборщица

biloowo

кровельщик

carwoowo

официант

baañoowo

охотник

diidoowo

художник

piyoo mburu

пекарь

peewnoo jeyngol

электрик

mahoowo

строитель

eseñoor

инженер

buusee

мясник

polombiyee

сантехник

neɗɗo posto

почтальон

soldaat

солдат

arsitekte

архитектор

ngaluyanke

кассир

leđđeyanke

флорист

mooroowo

парикмахер

diirnoowo

кондуктор

peenoowo jamđe

механик

gardiiđo

капитан

safroowo ñiiÿe

зубной врач

gando

ученый

babbiin

раввин

almaami

имам

muwaan

монах

neđđo alla

священник

kuutorɗe

инструменты

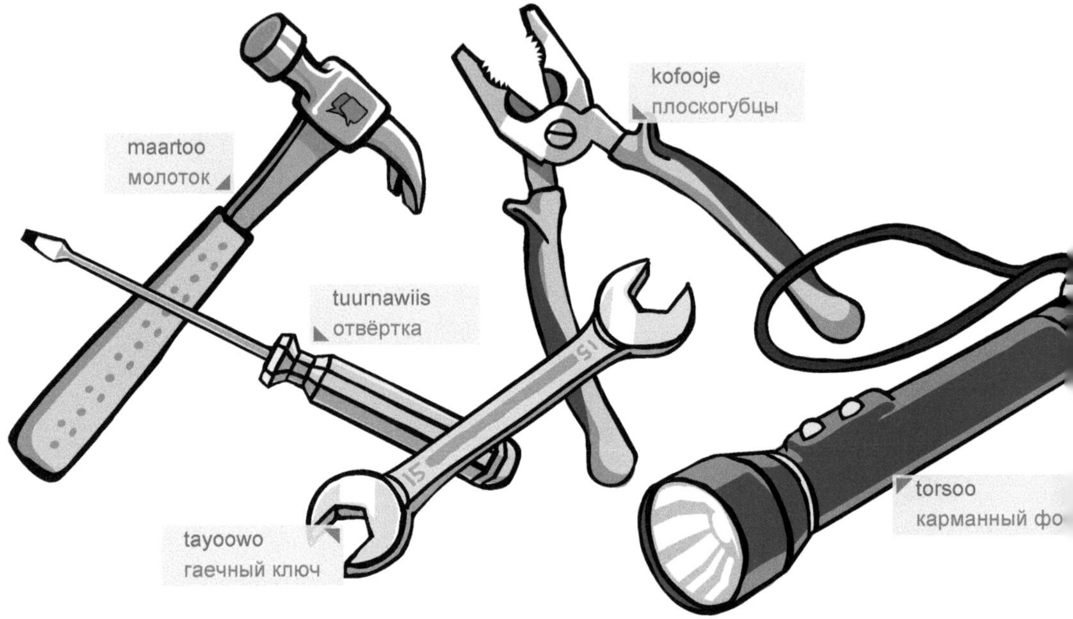

kofooje
плоскогубцы
maartoo
молоток
tuurnawiis
отвёртка
torsoo
карманный фо
tayoowo
гаечный ключ

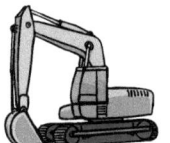

ngasirdi

экскаватор

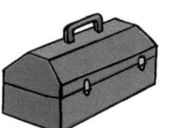

suudu kuutorɗe

ящик для инструментов

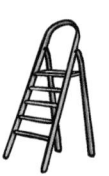

seel

стремянка

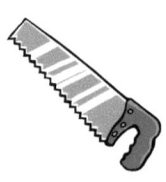

siiy

пила

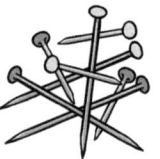

pontooje

гвозди

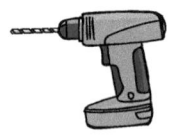

yuwirde

дрель

feewnit

ремонтировать

nokkirde

лопата

sooot

Блин!

peel

совок

pot diidirɗo

ведро с краской

wiisuuji

винты

pijirɗe
музыкальные инструменты

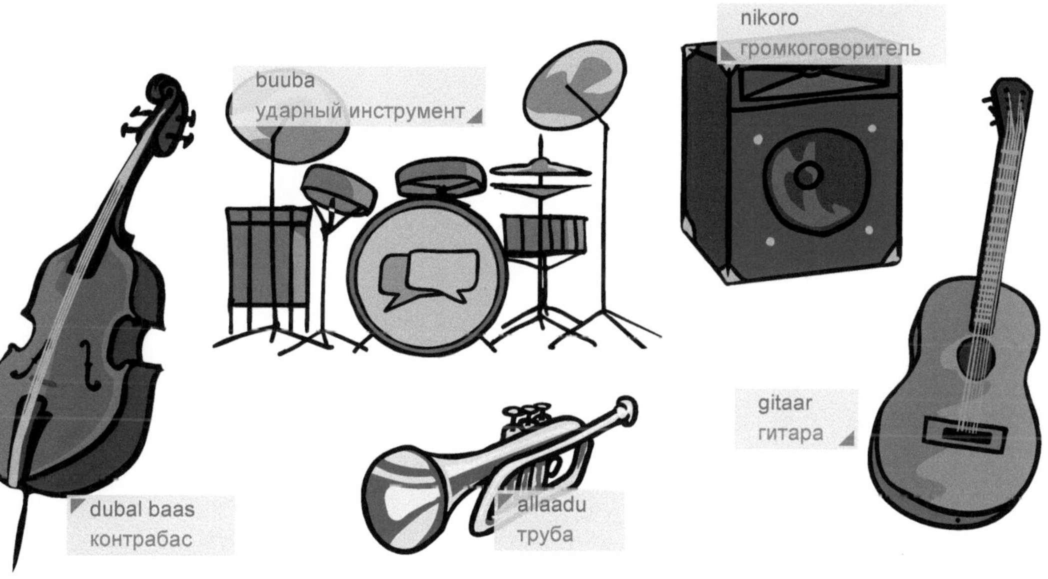

buuba
ударный инструмент

nikoro
громкоговоритель

gitaar
гитара

dubal baas
контрабас

allaadu
труба

piyaano

пианино

ñaañooru

скрипка

baas

бас-гитара

timpaan

литавры

bawɗi

барабан

bindirgal

синтезатор

saksofooŋ

саксофон

coolumbel

флейта

haaldude

микрофон

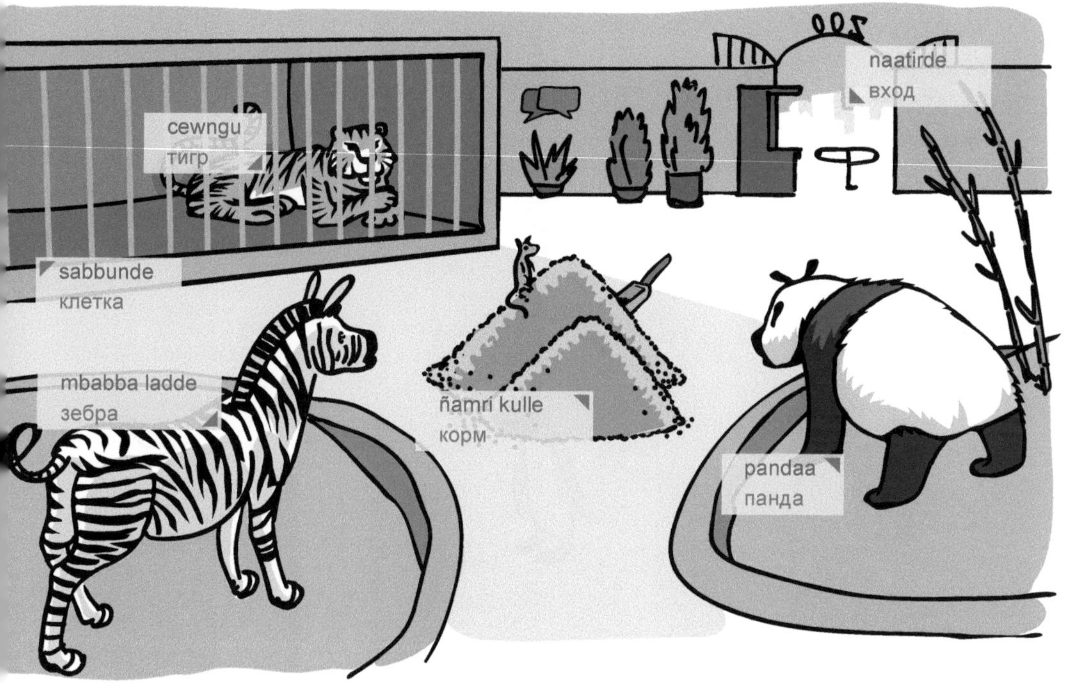

cewngu
тигр

naatirde
вход

sabbunde
клетка

mbabba ladde
зебра

ñamri kulle
корм

pandaa
панда

kulle
....
животные

ñiiwa
....
слон

kanguruu
....
кенгуру

liwoongu
....
носорог

waandu
....
горилла

fowru
....
медведь

ngelooba

верблюд

jaawagal

страус

mbaroodi

лев

golo

обезьяна

ñaarpural

фламинго

seku

попугай

fowru nees

белый медведь

peŋwee

пингвин

reke

акула

ngoriyal

павлин

mboddi

змея

nooro

крокодил

deenoowo kulle

служитель зоопарка

liingu

тюлень

cewngu

ягуар

molel puccu

пони

cewlu

леопард

ngabu

бегемот

ñamala

жираф

ciilal

орёл

fowru

кабан

liingu

рыба

heende

черепаха

morsee

морж

daga

лиса

lella

газель

cofte balli
спорт

fugu koyngel Amarik
американский футбол

welo
езда на велосипеде

teniis
теннис

basket
баскетбол

lumbaade
плавание

bokse
бокс

okey e galaas
хоккей

fugu koyngel
футбол

badminton
бадминтон

dogduuji
лёгкая атлетика

fugu jungo
гандбол

eskiiy
лыжный спорт

polo
поло

diw
прыгать

jal
смеяться

uurno
обнимать

yah
идти

yim
петь

ɦoyɗu
мечтать

juul
молиться

ɓuuco
целовать

windu
....
писать

diid
....
рисовать

ɦollu
....
показывать

duñ
....
нажимать

rokku
....
давать

naw
....
брать

jogo

иметь

waɗ

делать

won

быть

daro

стоять

dog

бежать

ittu

тянуть

weddo

бросать

yan

падать

fen

лежать

fad

ждать

naw

носить

jooɗo

сидеть

ɓoorno

надевать

ɗaano

спать

finn

просыпаться

ndaar

рассматривать

woy

плакать

fiiy

гладить

koomu

причесывать

haal

говорить

faam

понимать

naamdo

спрашивать

hetto

слушать

yar

пить

ñaam

кушать

habbu

наводить порядок

yiɗ

любить

def

готовить

diirnu

ехать

diw

летать

awyu

ходить под парусом

lim

считать

jangu

читать

jangu

учиться

liggo

работать

res

вступать в брак

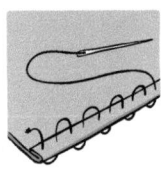

aaw

шить

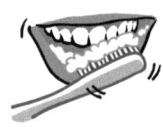

boris ñiiÿe

чистить зубы

war

убивать

simmo

курить

neldu

отправлять

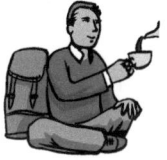

ɓesngu

семья

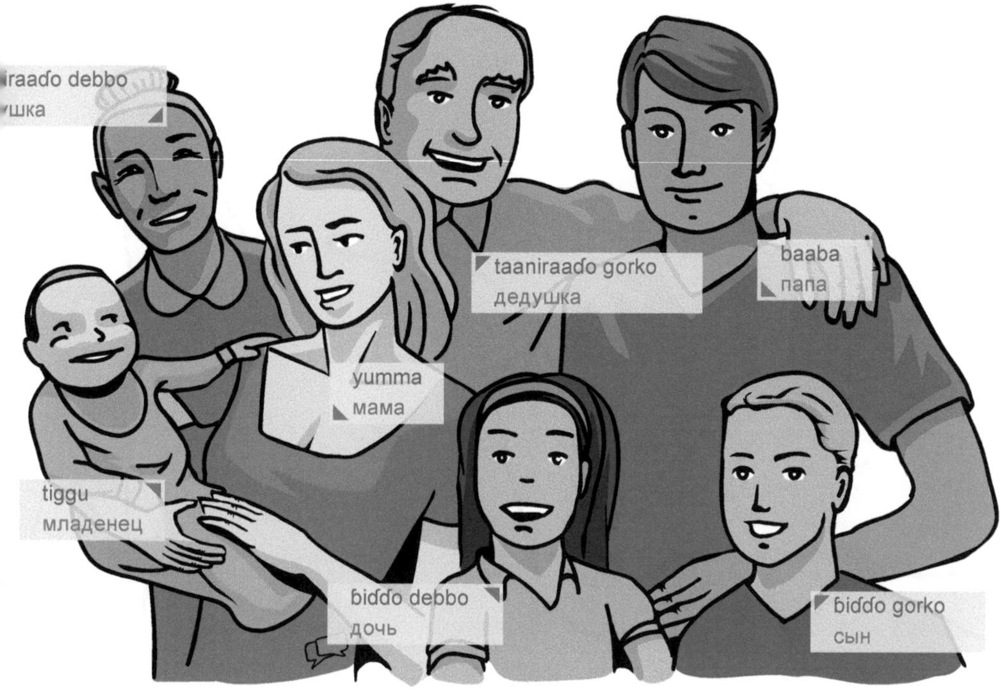
iraaɗo debbo
ушка
taaniraaɗo gorko
дедушка
baaba
папа
yumma
мама
tiggu
младенец
ɓiɗɗo debbo
дочь
ɓiɗɗo gorko
сын

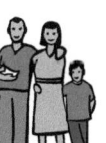

koɗo

гость

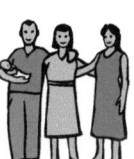

gogo

тетя

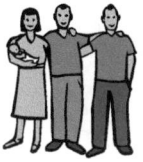

kaawiraaɗo

дядя

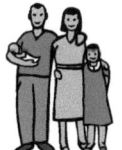

mawniraaɗo gorko

брат

mawniraaɗo debbo

сестра

ɓandu

тело

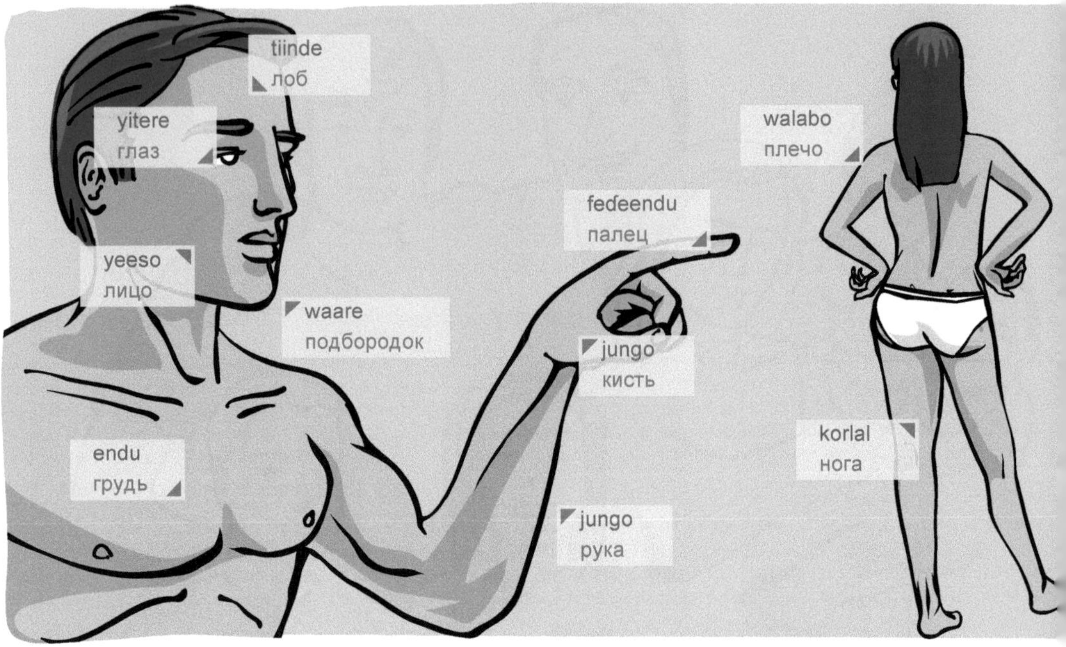

tiinde
лоб

yitere
глаз

walabo
плечо

feɗeendu
палец

yeeso
лицо

waare
подбородок

jungo
кисть

endu
грудь

korlal
нога

jungo
рука

tiggu

младенец

gorko

мужчина

debbo

женщина

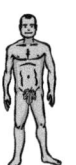

debbo

девочка

gorko

мальчик

hoore

голова

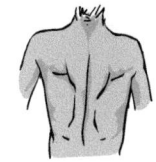

keeci

спина

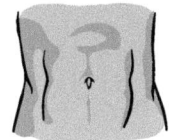

reedu

живот

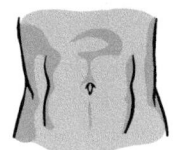

wudduru

пупок

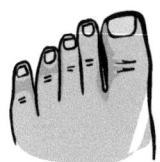

feɗeendu

палец ноги

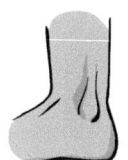

njaaɓordi

пятка

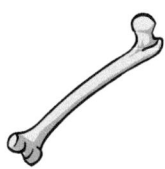

ÿiyal

кость

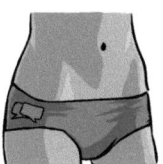

buhal

бедро

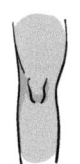

hofru

колено

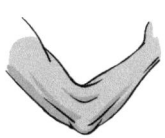

fooŋturu

локоть

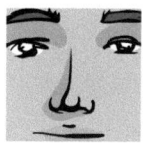

hinere

нос

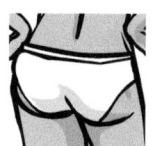

gaɗa

ягодицы

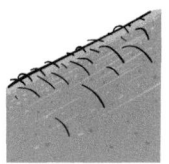

nguru

кожа

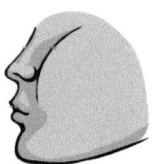

abɓuko

щека

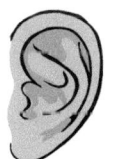

nofru

ухо

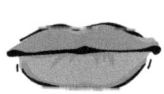

tondu

губа

hunuko

рот

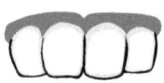

ñiire

зуб

ɗemngal

язык

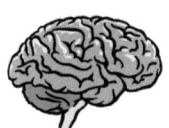

ngaandi

мозг

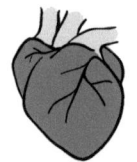

ɓernde

сердце

ÿiye

мышца

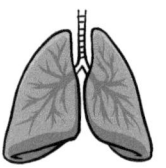

jofe

лёгкое

heeñere

печень

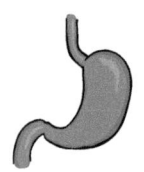

kuuse

желудок

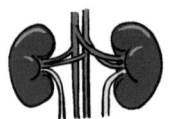

booÿe

почки

leldaade

половой акт

kawasal

презерватив

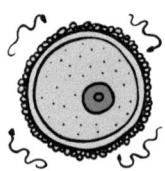

ɓoccoonde

яйцеклетка

maniiyu

сперма

cowagol

беременность

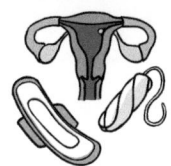

ella

менструация

kottu

вагина

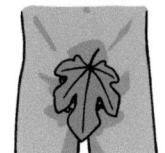

soolde

пенис

leeɓol yitere

бровь

sukundu

волосы

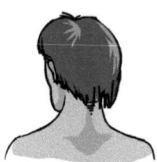

daande

шея

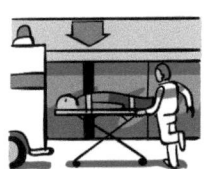

safrirdu
больница

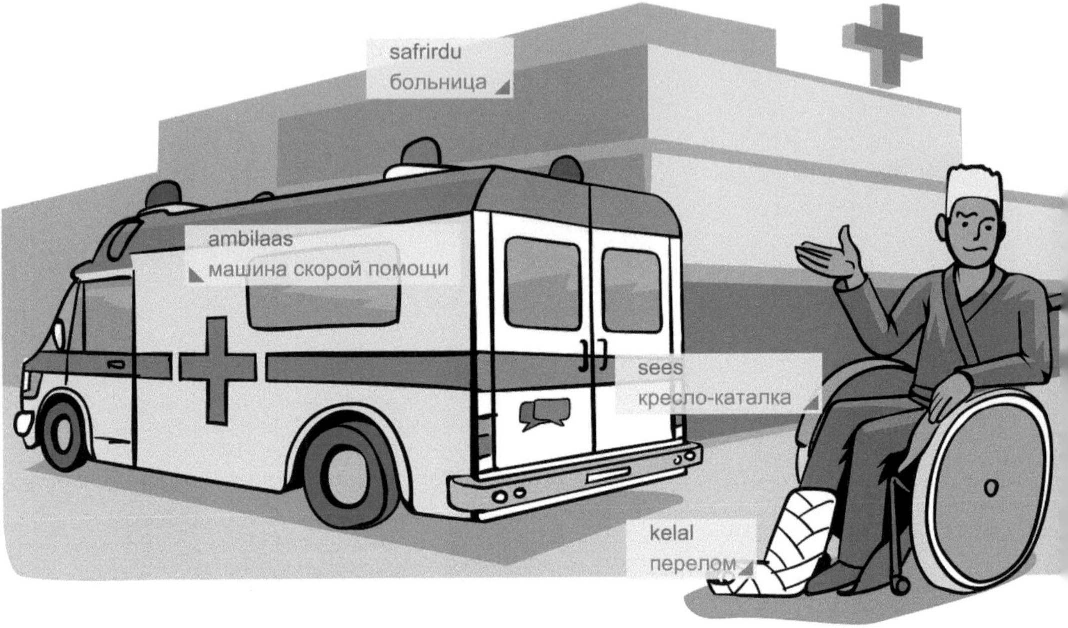

safrirdu
больница
ambilaas
машина скорой помощи
sees
кресло-каталка
kelal
перелом

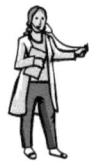

cafroowo

врач

suudu heñaare

пункт первой помощи

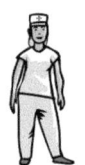

debbo cafroowo

медсестра

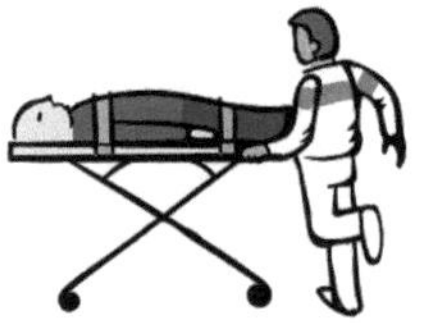

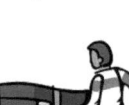

heñorde

неотложный случай

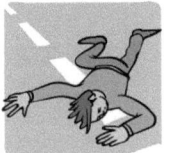

wondaane hakkile

без сознания

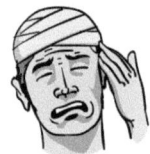

muuseeki

боль

gaañande

повреждение

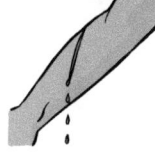

tuɗde ÿiiÿam

кровотечение

muuseeki ɓernde

инфаркт

piigol

инсульт

nefo

аллергия

ɗojjude

кашель

ɓandu wulooru

овышенная температура

pali

грипп

ndogu reedu

понос

hoore muusoore

головная боль

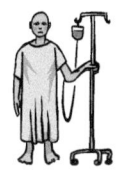

kaaseer

рак

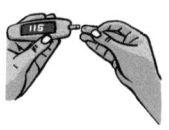

jabett

диабет

oppiroowo

хирург

jaggirdi

скальпель

oppeere

операция

CT

КТ

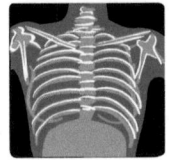

buuɗi x

рентген

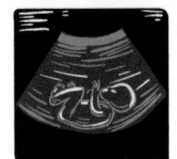

iltarasooŋ

ультразвук

huurirdu yeeso

маска

rafi

болезнь

heblorde

приёмная

beeke

костыль

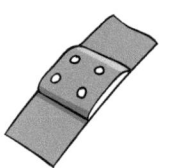

tabak

пластырь

bandaas

бинт

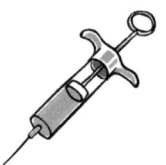

pinggu

укол

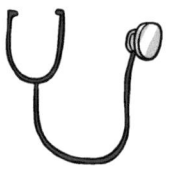

estetoskop

стетоскоп

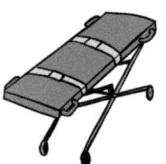

pooɗoowo

носилки

termomeeter safrirdu

термометр

jibinande

рождение

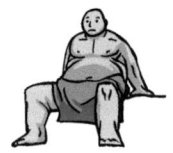

buttiɗgol

избыточный вес

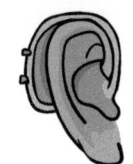

ballal nanirɗe

слуховой аппарат

labbinoowo

дезинфекционное средство

raaɓo

инфекция

wiriis

вирус

SIDAA

ВИЧ / СПИД

lekki

лекарство

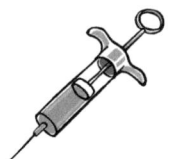

ñakko

прививка

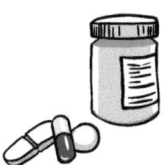

poɗɗe

таблетки

foɗɗere

противозачаточная таблетка

noddaango heñiingo

экстренный вызов

ÿeewtorde yaadu ÿiiyam

прибор для измерения кровяного давления

faawŋi / selli

больной / здоровый

heñorde
неотложный случай

Ballal
Помогите!

pindinoowo
сигнал тревоги

njangu
нападение

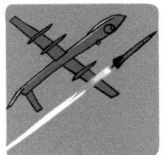

raaŋande
атака

boomre
опасность

yaltirde yaawnde
запасной выход

Jeyngol
Пожар!

ñifoowo jeyngol
огнетушитель

aksida
несчастный случай

saawdu safaara gadano
аптечка

SOS
SOS

poliis
милиция

Orop

Европа

Amarik Rewo

Северная Америка

Amarik Worgo

Южная Америка

Afirik

Африка

Aasi

Азия

Ostaraali

Австралия

Atalantik

Атлантический океан

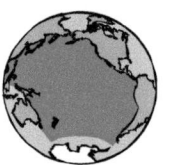

Pasifik

Тихий океан

Maayo Endo

Индийский океан

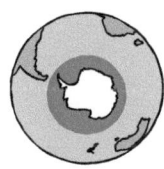

Maayo Antarkatik

Антарктический океан

Maayo Arkatik

Северный Ледовитый
океан

Baɲe Rewo

Северный полюс

Baŋe Worgo

Южный полюс

Antarkatik

Антарктика

Leydi

земля

leydi

суша

maayo

море

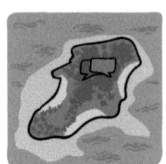

siire

остров

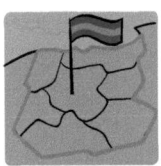

wuro

нация

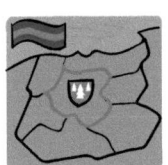

laamu

государство

yeeso waktu

циферблат

jungo waktu

часовая стрелка

jungo hojoma

минутная стрелка

jungo majaango

секундная стрелка

hol waktu?

Который час?

ñalawma

день

saha

время

jooni

сейчас

mantoor nattoowo

электронные часы

hojoma

минута

waktu

час

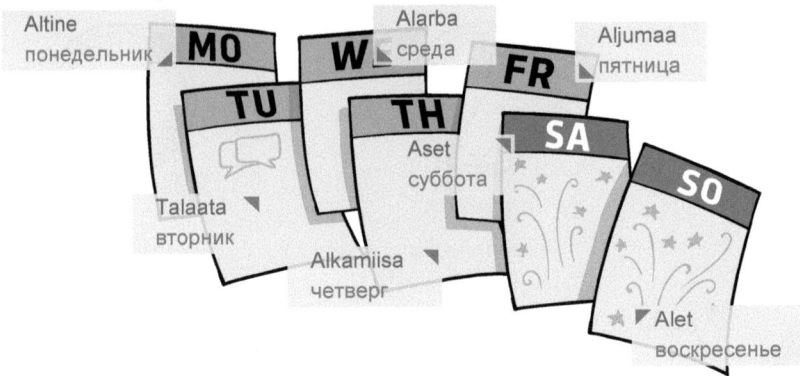

Altine — понедельник — MO
Alarba — среда — W
Aljumaa — пятница — FR
Talaata — вторник — TU
Aset — суббота — TH
Alkamiisa — четверг
Alet — воскресенье — SO

hanki

вчера

hande

сегодня

jango

завтра

subaka

утро

ñalawma

полдень

kikiiɗe

вечер

biir

рабочие дни

ñalɗi

выходные

hitaande

год

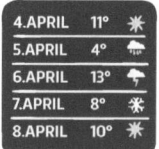

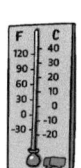

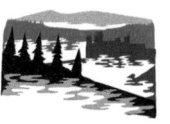

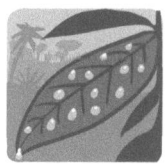

tobo
дождь
timtimol
радуга
hendu
ветер
nees
снег
demminaare
весна
ceeɗu
лето
ndunngu
осень
dabbunde
зима

4.APRIL 11°
5.APRIL 4°
6.APRIL 13°
7.APRIL 8°
8.APRIL 10°

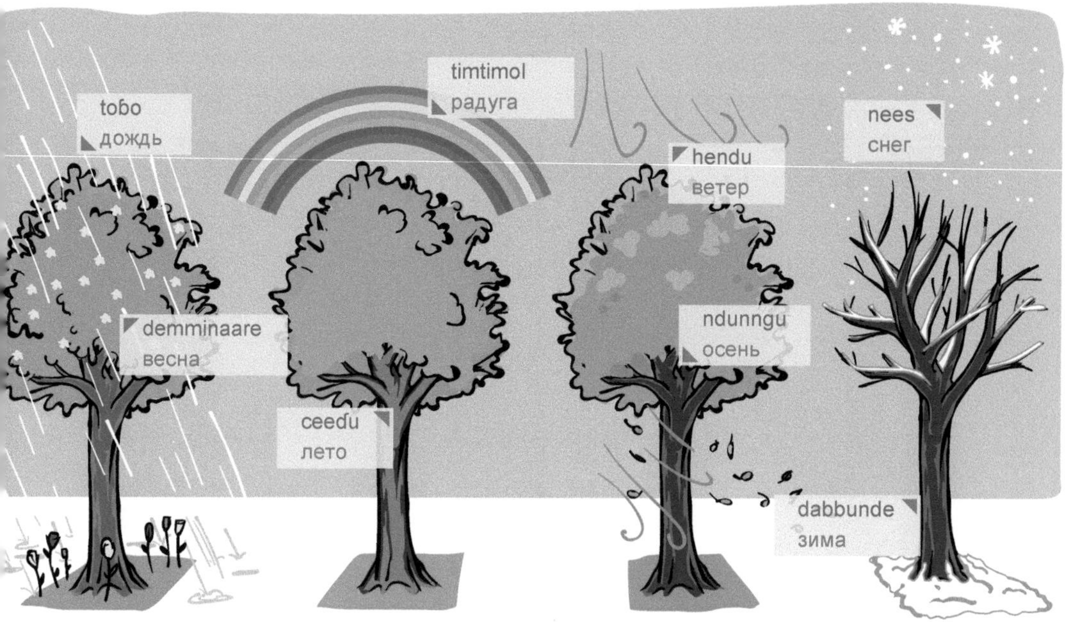

kabaaru weeyo

прогноз погоды

F
C
120
90
60
30
0
-30
40
30
20
10
0
-10
-20

termomeeter

термометр

naaŋini

солнечный свет

ruulde

туча

cuurki

туман

uddeende

влажность воздуха

majje

молния

gidaango

гром

hendu

буря

huɗɗni

град

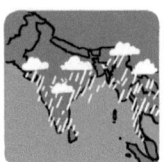

ruulɗini

муссон

waame

наводнение

nees

лёд

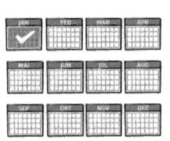

Siilo

январь

Colte

февраль

Mbooy

март

Seeɗto

апрель

Duuyal

май

Korse

июнь

Morse

июль

Juko

август

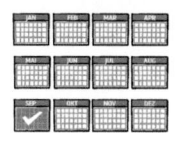

Siilto

сентябрь

Yarkoma

октябрь

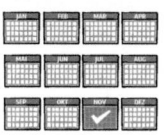

Jolal

ноябрь

Bowte

декабрь

balli

формы

taarto

круг

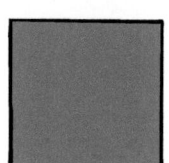

yaajeendi

квадрат

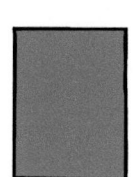

yaajo

прямоугольник

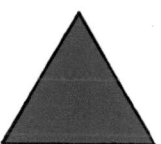

saraandi

треугольник

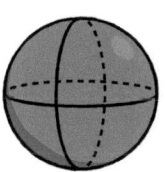

mbiifu

шар

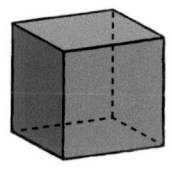

kiibb

куб

daneejo

белый

oolo

желтый

oraas

оранжевый

roos

розовый

boɗeejo

красный

mboongu

лиловый

bulaajo

синий

werte

зелёный

cooyo

коричневый

puro

серый

ɓaleejo

черный

heewi / seeɗa

много / мало

seki / deeyi

яростный / мирный

yooɗi / soofi

красивый / уродливый

fuuɗorde / gasirde

начало / конец

mawɗo / tokooso

большой / маленький

leeri / niɓɓidi

светлый / темный

maniraaɗo / miñiraaɗo

брат / сестра

laabi / tunwi

чистый / грязный

timmi / manki

полный / неполный

ñalawma / jamma

день / ночь

maayı / wuuri

мёртвый / живой

yaaji / faaɗi

широкий / узкий

nano / nanotaako

съедобный / несъедобный

boni / moŷŷi

злой / дружелюбный

softi / yoomi

взволнованный /
скучающий

ɓuttiɗi / sewi

толстый / худой

adi / wattindi

сначала / в конце

sehil / gaño

друг / враг

heewi / ɓolɗi

полный / пустой

muusi / weeɓi

твёрдый / мягкий

teddi / hoyi

тяжёлый / легкий

heege / ɗomka

голод / жажда

faawŋi / selli

больной / здоровый

wona laawol / laawol

незаконный / законный

feerti / muddiɗi

умный / глупый

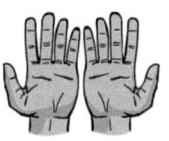

nano / ñaamo

слева / справа

ɓatti / woɗɗi

близко / далеко

keso / kiiɗɗo

новый / подержанный

ndiga / huunde

ничто / нечто

nayeejo / suka

старый / молодой

huɓɓi / ñifii

включено / выключено

uditi / uddii

открыто / закрыто

deeÿi / dille

тихо / громко

aldi / waasi

богатый / бедный

goonga / fenaande

правильный /
неправильный

tiidi / nooyi

шероховатый / гладкий

metti / weli

печальный / счастливый

rabɓidi / juuti

короткий / длинный

leeli / yaawi

медпенный / быстрый

leppi / yoori

мокрый / сухой

wuli / ɓuuɓi

тёплый / прохладный

hare / jam

война / мир

pinɗe
цифры

0

ndiga

ноль

1

gooto

один

2

ɗiɗi

два

3

tati

три

4

nay

четыре

5

joy

пять

6

jeegom

шесть

7

jeeɗiɗi

семь

8

jeetati

восемь

9

jeenay

девять

10

sappo

десять

11

sappoy goo

одиннадцать

12
sappoy ɗiɗi

двенадцать

13
sappoy tati

тринадцать

14
sappoy nay

четырнадцать

15
sappoy joy

пятнадцать

16
sappoy jeegom

шестнадцать

17
sappoy jeeɗiɗi

семнадцать

18
sappoy jeetati

восемнадцать

19
sappoy jeenay

девятнадцать

20
noogaas

двадцать

100
teemedere

сто

1.000
ujunere

тысяча

1.000.000
miliyooŋ

миллион

Aŋale

английский

Aŋale Amarik

американский английский

Mandare Siinaaɓe

мандаринский китайский

Hindi

хинди

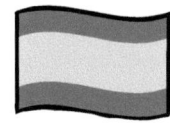

Espaňool

испанский

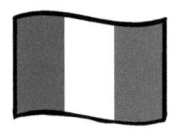

Farayse

французский

Arab

арабский

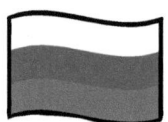

Riis

русский

Portigees

португальский

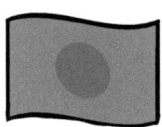

Bengali

бенгальский

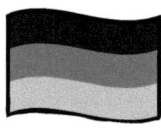

Almaa

немецкий

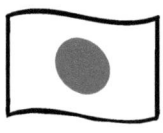

Sapponee

японский

miin

я

an

ты

kanko / kanko / kanum

он / она / оно

minen

мы

onon

вы

kamɓe

они

holoon?

кто?

holɗuum?

что?

holnoon?

как?

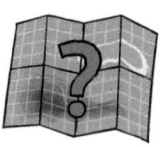

holtoon?

где?

mande?

когда?

HELLO, I AM

ınde

имя

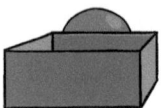

caggal

за

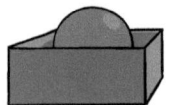

nder

в

sawndo

перед

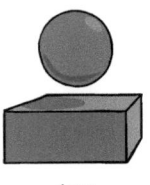

dow

над

e

на

les

под

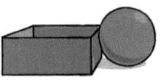

sara

рядом

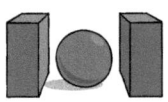

hakkunde

между

nokku

место